Autres ouvrages jeunesse de l'autrice.

Albums :

Mon copain Ethan est végane (illustré par Héloïse Weiner)
Nicolas, le bébé koala (illustré par Korrig'Anne)
L'arbre à chats (illustré par Isaa)
Charlotte sans culotte (illustré par Korrig'Anne)
L'enlumineur des étoiles (illustré par Astrid Bertin et Marceau Pradinas)
Ethan et les animaux (illustré par Scarlet Mila)
Regards (collectif)
Les tétées de Maïté (illustré par Isaa),
Je t'attends (illustré par Mariek)
Dans la poubelle d'Annabelle (illustré par Chloé Harrand)
Animaux à voir (illustré par Martinefa et Chloé Harrand)

Romans :

Le voyage d'Antinéa
Les aventures d'Oxygène (illustré par Anto)
Léon et le hérisson (illustré par Chloé Harrand)
Si j'avais un ami lama (illustré par Chloé Harrand)

Documentaires :

Les cloportes
Le lierre
Le lama

Ouvrages pour adultes à découvrir sur jeanne-selene.com

jeanne.selene@outlook.fr
Correction : Sans Coquille
Jeanne Sélène, Saint-Brice, France

ISBN : 979-10-96202-52-2

Jeanne Sélène présente...

Les gendarmes !

Le gendarme est une
punaise dont le nom
scientifique est
Pyrrhocoris apterus.

Le pyrrhocore doit son surnom à sa couleur rouge et noire rappelant l'habit des gendarmes du XVIIe siècle.

Un gendarme mesure
environ 10 millimètres.

L'accouplement des
gendarmes peut durer
plus de 24 heures !
Le corps des mâles est
plus étroit que celui
des femelles.

Les femelles gendarmes pondent de petits œufs blancs qu'elles dissimulent sous des pierres, au creux d'écorces ou en terre...

Les larves, jaunes à l'éclosion, passent par plusieurs stades avant de devenir adultes.

Les gendarmes sont totalement inoffensifs et n'ont pas d'odeur, contrairement à la majorité des autres punaises terrestres.

Les gendarmes sont
polyphages : leur régime
alimentaire est varié,
mais ils aiment
principalement les graines
de certains végétaux,
dont le tilleul.

Les gendarmes peuvent
également se nourrir
d'autres insectes
et de leurs œufs.

Les gendarmes sont des insectes « piqueurs-suceurs » pourvus d'un rostre : une sorte de petite paille qui leur permet de se nourrir, mais pas de piquer les humains !

Comme tous les insectes,
les gendarmes possèdent
des ailes, mais elles sont
minuscules et ne leur
permettent pas de voler.
Dommage pour eux !

Carte d'identité :

– Pyrrhocoris apterus, (pyrrhocore) ce qui signifie « punaise au corps de feu dépourvu d'ailes ».

Ses ailes sont en effet vestigiales et non fonctionnelles.

– Les autres noms du gendarme sont notamment suisse, soldat, punaise rouge et cherche-midi (car il aime et recherche la chaleur).

– Classification de notre énergumène : Règne Animal, Embranchement Arthropodes, Sous-embranchement Hexapodes, Classe Insectes, Sous-classe Ptérygotes, Infra-classe Néoptères, Super-ordre Hémiptéroïdes, Ordre Hémiptères, Sous-ordre Hétéroptères, Famille Pyrrhocoridés, Genre Pyrrhocore. Et voilà ! Pour celles et ceux qui reconnaîtront la référence, c'est encore plus chic que Leeloominaï Lekatariba Lamina-Tchaï Ekbat De Sebat, non ?!

Pour aller plus loin dans la découverte des gendarmes, rendez-vous sur www.insectes-net.fr

Un grand merci à messieurs Bertrand Malvaux et André Lequet pour leurs photos !

Références bibliographiques : Wikipédia, www.insectes-net.fr, viagallica.com, inpn.mnhn.fr

Licence photographies CC0 via Pixabay et Visualhunt ; licence standard Shutterstock :

Björn S..., makamuki0, MartaNemcova, Chorch, Krispijn, R21, Antonikon, Vladimir_kavka, Divotomezove, ComputerOnline

M. Martin Vicente, Francok35 et JaSra pour les attributions requises et par ordre d'apparition.

Photos et collections Bertrand Malvaux pour les costumes de gendarme : www.bertrand-malvaux.com

Photos personnelles d'André Lequet pour les oeufs, les larves et les ailes du gendarme.

Merci à Céline Poullain pour sa bêta-lecture de choc !

Polices d'écriture : cursivestandard, CC0 ; Lucida Calligraphy.

Dépôt légal : troisième trimestre 2019

Loi n° 49-956 du 16 juillet 1949

Imprimé par KDP.

www.ingramcontent.com/pod-product-compliance
Lightning Source LLC
LaVergne TN
LVHW071133160826
845679LV00005B/1270

* 9 7 9 1 0 9 6 2 0 2 5 2 2 *